ICS 93.080.01
P51

DB23

黑 龙 江 省 地 方 标 准

DB 23/T 2134—2018

低温改性沥青混凝土施工技术指南

发　布◎黑龙江省质量技术监督局

主　编◎杨洪生　于立泽　马松林

副主编◎董乃宝　李鹏飞　杨大永

哈尔滨工业大学出版社

图书在版编目（CIP）数据

低温改性沥青混凝土施工技术指南/杨洪生，于立泽，马松林主编.
—哈尔滨：哈尔滨工业大学出版社，2018.12
　ISBN 978-7-5603-7892-3

Ⅰ.①低… Ⅱ.①杨… ②于… ③马… Ⅲ.①沥青混凝土路面—路面施工—指南 Ⅳ.①U416.217-62

中国版本图书馆 CIP 数据核字（2018）第 278719 号

责任编辑	王桂芝
出版发行	哈尔滨工业大学出版社
社　　址	哈尔滨市南岗区复华四道街 10 号 邮编 150006
传　　真	0451-86414749
网　　址	http://hitpress.hit.edu.cn
印　　刷	哈尔滨市工大节能印刷厂
开　　本	880mm×1230mm　1/16　印张 1.5　字数 50 千字
版　　次	2018 年 12 月第 1 版　2018 年 12 月第 1 次印刷
书　　号	ISBN 978-7-5603-7892-3
定　　价	35.00 元

（如因印装质量问题影响阅读，我社负责调换）

前言

本指南按照GB/T 1.1—2009规定的规则起草。

本指南依据JTG F40—2004、JTG E20—2011、JTG F80/1等现行公路沥青相关规范编制。

本指南由黑龙江省交通运输标准化技术委员会提出并归口。

本指南主要起草单位：黑龙江省交通科学研究所、交通运输部科学研究院、黑龙江省高速公路管理局、哈尔滨华通道桥技术开发有限责任公司。

本指南主要起草人：杨洪生、于立泽、郭朝阳、董乃宝、李鹏飞、杨大永、任少辉、李军、杨玉石、田苗苗、辛欣、张宝珠、刘丹丹、温忠海、徐岩、孙黎明、左贵林、赵思博、高波。

DB23/T 2134—2018

目　次

1 范围 ··· 1
2 规范性引用文件 ··· 1
3 术语和定义 ··· 1
　3.1 低温沥青改性剂 ·· 1
　3.2 低温改性沥青 ··· 1
　3.3 低温改性沥青混合料 ·· 2
　3.4 低温改性沥青路面 ··· 2
　3.5 掺量 ·· 2
4 原材料 ·· 2
　4.1 道路石油沥青 ··· 2
　4.2 低温改性沥青技术要求 ··· 3
　4.3 集料一般要求 ··· 3
　4.4 粗集料 ··· 3
　4.5 细集料 ··· 5
　4.6 填料 ·· 5
　4.7 低温沥青改性剂 ·· 6
　4.8 低温沥青改性剂掺量 ·· 6
5 低温改性沥青混合料配合比设计 ··· 6
　5.1 一般规定 ·· 6
　5.2 低温改性沥青混合料配合比设计方法 ·· 7
6 低温改性沥青混合料施工 ··· 10
　6.1 拌和场的准备 ·· 10
　6.2 拌和设备准备 ·· 10
　6.3 低温改性沥青制备 ·· 10
　6.4 施工准备 ·· 11
　6.5 低温改性沥青混合料的拌和 ··· 11
　6.6 低温改性沥青混合料的运输 ··· 11
　6.7 低温改性沥青混合料的试验路段施工 ··· 11
　6.8 低温改性沥青混合料的摊铺 ··· 12
　6.9 低温改性沥青混合料的碾压成型 ··· 13
　6.10 施工温度范围 ··· 13

I

6.11 雨季施工	14
6.12 开放交通	14
7 低温改性沥青混合料施工质量控制	14
7.1 一般规定	14
7.2 质量检测	14
7.3 低温改性沥青路面施工过程质量控制标准	15
附录 A（规范性附录） 低温改性沥青混合料配合比设计方法	16

DB23/T 2134—2018

低温改性沥青混凝土施工技术指南

1 范围

1.1 本指南规定了低温改性沥青混凝土的术语、原材料、配合比设计方法、混合料施工及质量控制。

1.2 为规范黑龙江省低温改性沥青路面的设计、施工和质量控制要求，确保低温改性沥青路面的施工质量，制定本指南。

1.3 本指南适用于各等级公路新建、改扩建及维修养护的沥青路面工程。

1.4 低温改性沥青路面施工必须符合国家环境和生态保护的规定。

1.5 本指南规定了低温改性沥青及其沥青混合料的原材料技术要求、配合比设计方法及技术要求、路面施工工艺及质量控制要求。

1.6 低温改性沥青路面施工除应符合本指南外，尚应符合国家颁布的现行有关标准、规范的规定。特殊地质条件和地区的沥青路面工程，可根据实际情况制订补充规定。

2 规范性引用文件

下列文件对于本文件的应用是必不可少的。凡是标注日期的引用文件，仅所标注日期的版本适用于本文件。凡是不标注日期的引用文件，其最新版本（包括所有的修改单）适用于本文件。

GB 267　　石油产品闪点与燃点测定法（开口杯法）
GB/T 6680　液体化工产品采样通则
GB/T 2013　液体石油化工产品密度测定法
GB/T 10247　黏度测量方法
JTG E20　　公路工程沥青及沥青混合料试验规程
JTG F40　　公路沥青路面施工技术规范
JTG E42　　公路工程集料试验规程
JTG D50　　公路沥青路面设计规范
JTG E60　　公路路基路面现场测试规程
JTG F80/1　公路工程质量检验评定标准 第一册 土建工程
HG/T 3837　橡胶总烃含量的测定热解法
SH 0164　　石油产品包装、贮运及交货验收规则

3 术语和定义

下列术语和定义适用于本指南。

3.1 低温沥青改性剂

从废旧塑料、废旧橡胶中生产出来的甲基苯乙烯类嵌段共聚物，可熔融或分散在沥青中以改善或提高沥青的路用性能。

3.2 低温改性沥青

低温沥青改性剂与基质沥青在一定温度条件下（基质沥青为普通沥青时,加热温度为90 ℃～110 ℃）、以一定的比例（改性剂掺量一般为7%～11%）、搅拌均匀后,得到的一种液态混合物。

3.3 低温改性沥青混合料

采用低温改性沥青的沥青混合料称为低温改性沥青混合料。

3.4 低温改性沥青路面

由低温改性沥青混合料作为沥青路面修筑材料的沥青路面统称为低温改性沥青路面。

3.5 掺量

低温改性剂占基质沥青质量的百分数。

4 原材料

4.1 道路石油沥青

4.1.1 低温改性沥青路面采用的道路石油沥青标号,按照道路等级、气候条件、交通条件、路面类型和在结构层中的层位及受力特点、施工方法等选用。

4.1.2 对一般公路,夏季温度高、高温持续时间长、重载交通、山区及丘陵区上坡路段、服务区、停车场等行车速度慢的路段,尤其是汽车荷载剪应力大的层次,宜采用稠度大、60 ℃黏度大的沥青,也可参照高温气候分区的温度水平选用沥青等级;对冬季寒冷的地区或交通量小的公路、旅游公路宜选用稠度小、低温延度大的沥青;对日温差、年温差大的地区宜注意选用针入度指数大的沥青。当高温要求与低温要求发生矛盾时应优先考虑满足高温性能的要求。

4.1.3 沥青必须按品种、标号分开存放。除长期不使用的沥青可放在自然温度下存储外,沥青在储罐中的贮存温度不宜低于90 ℃,并不得高于150 ℃。道路石油沥青在贮运、使用及存放过程中应有良好的防水措施,避免雨水或加热管道蒸汽进入沥青中。

4.1.4 我省一般公路工程推荐选用A级90号道路石油沥青,其质量应满足表1的技术要求,特殊情况下须经论证选用A级70号道路石油沥青时,其质量应满足《公路沥青路面施工技术规范》（JTG F40）相关要求。

表1 道路石油沥青技术标准

试验项目	单位	90号	110号	试验方法
针入度（25 ℃，100 g，5 s）	0.1 mm	80～100	100～120	T 0604
针入度指数	—	-1.5～+1.0	-1.5～+1.0	T 0604
延度（15 ℃，5 cm/min），不小于	cm	100	100	T 0605
延度（10 ℃，5 cm/min），不小于	cm	30	40	T 0605
软化点 TR&B，不小于	℃	44	43	T 0606
60 ℃动力黏度，不小于	Pa·s	140	120	T 0620
闪点，不小于	℃	245	230	T 0611
溶解度，不小于	%	99.5	99.5	T 0607
含蜡量，不大于	%	2.2	2.2	T 0615
密度	g/cm³	实测	实测	T 0603

表 1 道路石油沥青技术标准（续）

试验项目		单位	90 号	110 号	试验方法
TFOT 后	质量变化	%	±0.8	±0.8	T 0609
	针入度比（25 ℃，100 g，5 s），不小于	%	57	55	T 0604
	残留延度（10 ℃，5 cm/min），不小于	cm	8	10	T 0605

4.2 低温改性沥青技术要求

低温改性沥青的技术要求应满足表2。

表 2 低温改性沥青技术要求

试验项目	单位	技术要求	试验方法
针入度 5 ℃，100 g，5 s	0.1 mm	100～140	T 0604
5 ℃ 延度，不小于	cm	100	T 0605
软化点 TR&B，不小于	℃	27	T 0606
100 ℃ 运动黏度，不小于	Pa·s	0.2	T 0625 或 T 0619
5 ℃ 弹性恢复，不小于	%	40	T 0662
溶解度，不小于	%	99	T 0607
密度 15 ℃	g/cm³	实测	T 0603
与粗集料的黏附性，沥青裹附面积不小于		90	T 0616
TFOT 或 RTFOT 质量变化			
TFOT 或 RTFOT 质量变化，不大于	%	0～0.6	T 0609 或 T 0610
残留针入度比 25 ℃，不小于	%	50	T 0604
残留延度 5 ℃，不小于	cm	6	T 0605

4.3 集料一般要求

4.3.1 由于低温改性沥青混合料的拌和温度较低，集料中的水分不容易完全烘干，因此对集料含水率的要求比热拌沥青混合料更严格。料堆应建在干燥、洁净的硬化地面上，并搭建料堆遮雨棚。不同规格、不同料源的粗、细集料应该分开堆放，料堆应设置有效的排水装置。

4.3.2 对于低温改性沥青混合料所使用的集料，应选用黏附性好（黏附性不低于 4 级）的集料，并保证集料表面洁净无杂质。

4.3.3 低温改性沥青混合料应采用石灰岩或岩浆岩中的强基性岩石等憎水性石料经磨细得到的矿粉。矿粉宜袋装，室内堆放，避免受潮结块。

4.4 粗集料

4.4.1 用于沥青面层的粗集料包括碎石、砾石等。

4.4.2 粗集料应该保持洁净、干燥、表面粗糙，质量应符合表 3 的规定，规格见表 4。当单一规格集料的质量指标达不到表中要求，而按照集料配合比计算混合料质量符合要求时，可以使用。

表3 粗集料质量技术要求

指 标	单位	表面层	其他层次	试验方法
石料压碎值，不大于	%	22	26	T 0316
洛杉矶磨耗损失，不大于	%	28	30	T 0317
表观相对密度，不小于	t/m³	2.60	2.50	T 0304
吸水率，不大于	%	2.0	2.5	T 0304
针片状颗粒含量（混合料），不大于	%	15	18	
其中粒径大于 9.5 mm，不大于	%	12	15	T 0312
其中粒径小于 9.5 mm，不大于	%	18	20	
水洗法<0.075 mm 颗粒含量，不大于	%	1	1	T 0310
软石含量，不大于	%	3	5	T 0320
注1：坚固性试验可根据需要进行。				
注2：对 3～5 mm 规格的粗集料，针片状颗粒含量可不予要求，小于 0.075 mm 颗粒含量可放宽到 3%。				

表4 粗集料规格

规格名称	公称粒径/mm	通过下列筛孔（mm）的质量百分率/%							
		31.5	26.5	19.0	13.2	9.5	4.75	2.36	0.6
S8	10～25	100	90～100	—	0～15	—	0～5		
S9	10～20		100	90～100	—	0～15	0～5		
S10	10～15			100	90～100	0～15	0～5		
S11	5～15			100	90～100	40～70	0～15	0～5	
S12	5～10				100	90～100	0～15	0～5	
S13	3～10				100	90～100	40～70	0～20	0～5
S14	3～5					100	90～100	0～15	0～3
注：S1～S7本规程未涉及，故未列出。									

4.4.3 一般公路沥青路面的表面层（或磨耗层）的粗集料的黏附性及磨光值应符合表5的要求。

表5 粗集料与沥青的黏附性、磨光值的技术要求

技术指标	技术要求	试验方法
粗集料的磨光值 PSV，不小于	40	T 0321
粗集料与沥青的黏附性，不小于		
表面层	4	T 0616
其他层次	4	T 0663
注：当使用不符合要求的粗集料时，宜掺加消石灰、水泥或用饱和石灰水处理后使用，使沥青混合料的水稳定性检验达到要求。		

4.4.4 破碎砾石应采用粒径大于 50 mm、含泥量不大于 1% 的砾石轧制，破碎砾石的破碎面应符合表6的要求。

表 6 粗集料对破碎面的要求

路面部位或混合料类型	具有一定数量破碎面颗粒的含量/%		试验方法
	1 个破碎面	2 个或 2 个以上破碎面	
沥青路面表面层	100	90	T 0346
沥青路面中下面层	90	80	

4.5 细集料

4.5.1 细集料包括机制砂和石屑。

4.5.2 机制砂应洁净、干燥、无风化、无杂质，并有适当的颗粒级配，其质量应符合表 7 的规定。细集料的洁净程度，机制砂以砂当量（适用于 0～4.75 mm）或亚甲蓝值（适用于 0～2.36 mm 或 0～0.15 mm）表示。

表 7 细集料质量要求

项　　　　目	单位	技术指标	试验方法
表观相对密度　　　不小于	t/m^3	2.50	T 0328
含泥量（小于 0.075 mm 的含量）　不大于	%	3	T 0333
坚固性（大于 0.3 mm 部分）　不小于	%	12	T 0340
砂当量　　　　不小于	%	60	T 0334
亚甲蓝值　　　　不大于	g/kg	25	T 0346
棱角性(流动时间)　不小于	s	30	T 0345
注：坚固性试验可根据需要进行。			

4.5.3 石屑规格应符合表 8 的要求。采石场在生产石屑的过程中应具备抽吸设备，高速公路和一级公路的沥青混合料，宜将 S14 与 S16 组合使用。

表 8 机制砂或石屑规格

规格	公称粒径/mm	水洗法通过各筛孔的质量百分率/%							
		9.5	4.75	2.36	1.18	0.6	0.3	0.15	0.075
S15	0～5	100	90～100	60～90	40～75	20～55	7～40	2～20	0～10
S16	0～3		100	80～100	50～80	25～60	8～45	0～25	0～15

4.6 填料

4.6.1 填料包括矿粉、水泥、粉煤灰。其中粉煤灰作为填料时，用量不超过填料总量的 50%。

4.6.2 矿粉必须采用石灰岩或岩浆岩中的强基性岩石等憎水性石料经磨细得到的矿粉，原石料中的泥土杂质应除净。矿粉应干燥、洁净，能自由地从矿粉仓流出，其质量应符合表 9 的技术要求。

表 9 矿粉质量要求

项 目	单位	技术指标	试验方法
表观相对密度 不小于	t/m³	2.50	T 0352
含水量 不大于	%	1	T 0103 烘干法
粒度范围 ＜0.6 mm	%	100	
＜0.15 mm	%	90～100	T 0351
＜0.075 mm	%	75～100	
外观	—	无团粒结块	—
亲水系数	—	＜1	T 0353
塑性指数	%	＜4	T 0354
加热安定性	—	实测记录	T 0355

4.6.3 高速公路、一、二级公路的沥青面层不宜采用粉煤灰做填料，当必须用粉煤灰作为填料使用时，用量不得超过填料总量的50%，粉煤灰的烧失量应小于12%，与矿粉混合后的塑性指数应小于4%，其余质量要求与矿粉相同。

4.7 低温沥青改性剂

低温沥青改性剂须符合表10的技术要求。

表 10 低温沥青改性剂技术要求

项目	单位	技术指标	方法
外观	—	褐色黏稠状液体	目测
密度	g/cm³	0.8～1.0	GB/T 2013—2010
橡胶烃含量，不小于	%	85	HG/T 3837
黏度（旋转法，25 ℃），不大于	Pa·s	0.8	GB/T 10247—2008
挥发性有机物的苯含量，不大于	mg/g	0.1	HJ 643—2013

4.8 低温沥青改性剂掺量

HT低温沥青改性剂的掺量应参考表11的推荐范围。

表 11 HT低温沥青改性剂掺量范围

沥青标号	单位	90 号	110 号
掺量	%	8～10	7～9

5 低温改性沥青混合料配合比设计

5.1 一般规定

5.1.1 低温改性沥青混合料宜采用间断型级配，其种类按集料公称最大粒径、空隙率划分为五个类型，其代号分别为：HT-25、HT-20、HT-16、HT-13、HT-10。其分类见表12。

表 12 低温改性沥青混合料种类

混合料类型		公称最大粒径/mm	最大粒径/mm	设计空隙率/%
粗粒式	HT-25	26.5	31.5	
中粒式	HT-20	19.0	26.5	3~6
	HT-16	16.0	19.0	
细粒式	HT-13	13.2	16.0	
	HT-10	9.5	13.2	
注：设计空隙率可按配合比设计要求适当调整。				

5.1.2 各层低温改性沥青混合料应满足所在层位的功能性要求，便于施工，不得离析。各层应连续施工并连结成为一个整体。当发现混合料结构组合及级配类型设计不合理时，应进行修改、调整，以确保沥青路面的使用性能。

5.2 低温改性沥青混合料配合比设计方法

5.2.1 低温改性沥青混合料配合比设计必须在对同类道路配合比设计和使用情况调查研究的基础上，充分借鉴成功的经验，选用符合要求的材料，进行配合比设计。

5.2.2 低温改性沥青混合料的矿料级配应符合工程设计规定的级配范围。宜根据道路级别、气候及交通条件在表 13 范围内确定工程设计级配范围，通常情况下工程设计级配范围不宜超出表 13 的要求。

表 13 低温改性沥青混合料矿料级配范围技术要求

级配类型		通过下列筛孔的质量百分率/%												
		31.5	26.5	19	16	13.2	9.5	4.75	2.36	1.18	0.6	0.3	0.15	0.075
粗粒式	HT-25	100	90~100	75~81	65~73	57~65	45~53	25~35	20~24	12~18	8~14	5~11	4~9	3~6
中粒式	HT-20	—	100	90~100	78~87	62~75	50~58	30~35	20~25	12~19	8~15	5~12	4~10	4~7
	HT-16	—	—	100	90~100	76~85	60~63	35~42	24~26	13~21	9~17	7~14	5~12	4~8
细粒式	HT-13	—	—	—	100	90~100	68~85	38~46	26~42	15~38	10~28	7~20	5~15	4~8
	HT-10	—	—	—	—	100	95~100	45~75	30~58	20~44	13~32	9~23	6~16	4~8

5.2.3 低温改性沥青混合料配合比设计方法采用马歇尔试验配合比设计方法，设计指标应遵循相应设计要求，沥青混合料技术要求应符合表 14~17 的规定，并有良好的施工性能。设计方法见附录 A。

5.2.4 低温改性沥青混合料性能技术指标要求。

5.2.4.1 低温改性沥青混合料的体积指标应符合表 14 的规定。进行稳定度测试时，成型的试件应在室温、通风条件下养生 72 h 以上，再进行体积参数和力学性能测试。

表 14 低温改性沥青混合料马歇尔试验技术指标要求

项 目	单位	技术要求		试验方法
		高速、一、二级公路	二级以下等级公路	
马歇尔稳定度，不小于	kN	8	5	T 0709
流值	mm	2~4	2~4.5	T 0709
空隙率	%	3~6		T 0705

表 14 低温改性沥青混合料马歇尔试验技术指标要求（续）

项 目	单位	技术要求					试验方法
		高速、一、二级公路			二级以下等级道路		
矿料间隙率	%	相应于以下公称最大粒径（mm）的最小 VMA 及 VFA 技术要求					T 0705
		26.5	19	16	13.2	9.5	
		12	13	13.5	14	15	
饱和度	%	65～70					T 0705

注：T 0709试验方法参照《公路工程沥青及沥青混合料试验规程》（JTG E20—2011）中T 0709试验方法，但在马歇尔试件成型后，须在室温且通风条件下养生72 h。

5.2.4.2 拌和完成后的低温改性沥青混合料在进行路用性能检测前，须在鼓风干燥箱中在110 ℃条件下恒温、鼓风放置4～5 h，然后再次倒入拌和锅中拌和120 s，拌和锅温度为110 ℃。经过2次拌和后，方可用于高温性能、低温性能、水稳定性能测试。成型的试件应在室温、通风条件下养生72 h以上，再进行体积参数和力学性能测试。

5.2.4.3 低温改性沥青混合料的高温性能技术要求应符合表15的规定。

表 15 低温改性沥青混合料的车辙试验动稳定度技术要求

项 目	单位	技术要求	试验方法
动稳定度，不小于	次/mm	1 000	T 0719

5.2.4.4 低温改性沥青混合料水稳定性技术要求应符合表16的规定，其中水稳定性试验用试件应为马歇尔击实法成型的试件。

表 16 低温改性沥青混合料水稳定性技术要求

项 目	单位	技术要求	试验方法
浸水马歇尔试验残留稳定度，不小于	%	80	T 0709
冻融劈裂强度比值，不小于	%	75	T 0729

5.2.4.5 低温弯曲破坏试验宜利用轮碾成型机的车辙试验试件，按照规程要求的尺寸切割成小梁试件。低温弯曲破坏试验应变技术要求应符合表17的规定。成型的试件应在室温、通风条件下养生72 h以上，再进行低温弯曲破坏应变测试。

表 17 低温弯曲破坏试验应变技术要求

项 目	单位	技术要求	试验方法
破坏应变，不小于	$\mu\varepsilon$	2 600	T 0715

5.2.4.6 低温改性沥青混合料渗水性试验宜利用轮碾成型机的车辙试验试件，脱模架起进行渗水试验，渗水系数技术要求应符合表18的规定。成型的试件应在室温、通风条件下养生72 h以上，再进行渗水性能测试。

表 18 低温改性沥青混合料试件渗水系数技术要求

项 目	单位	技术要求	试验方法
渗水系数，不大于	mL/min	80	T 0730

5.2.5 低温改性沥青混合料的配合比设计应在调查以往热拌沥青混合料配合比设计经验和使用效果的基础上，按图1步骤进行。

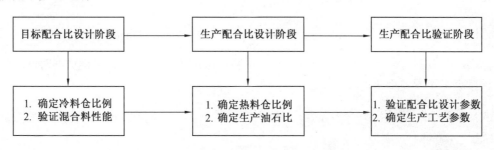

图 1 沥青混合料配合比设计步骤图

5.2.5.1 目标配合比设计阶段。

采用工程实际使用的材料按照附录A的设计方法，优选矿料级配，确定最佳沥青用量，符合配合比设计技术标准和配合比设计检验要求，以此作为目标配合比，供拌和机确定各冷料仓的供料比例、进料速度及试拌使用。

5.2.5.2 生产配合比设计阶段。

对间歇式拌和机，应按照规定方法取样测试各热料仓的材料级配，确定各热料仓的配合比，供拌和机控制室使用。同时选择适宜的筛孔尺寸和安装角度，尽量使各热料仓的供料大体平衡。并取目标配合比设计的最佳沥青用量OAC、OAC±0.3%等3个沥青用量进行马歇尔试验和试拌，通过室内试验及从拌和机取样试验综合确定生产配合比的最佳沥青用量，由此确定的最佳沥青用量与目标配合比设计的结果的差值不宜大于±0.2%。

5.2.5.3 生产配合比验证阶段。

按生产配合比设计确定的比例进行试拌、铺筑试验段，并抽取试验段混合料按要求进行各种试验和施工质量检验，验证生产配合比设计确定的各种指标是否符合规定。同时观察空隙率的大小、试验路的渗水情况，评价碾压的难易程度，由此确定生产用的标准配合比。标准配合比的矿料级配中，至少应包括0.075 mm、2.36 mm、4.75 mm及最大公称粒径筛孔的通过率接近优选的工程设计级配范围的中值，并避免在0.3～0.6 mm出现"驼峰"。对确定的标准配合比，宜再次进行车辙试验和水稳定性检验。

5.2.5.4 确定施工级配允许波动范围。

根据标准配合比制定施工用的级配控制范围，用以检查HT改性沥青混合料的生产质量。

5.2.6 经设计确定的标准配合比在施工过程中不得随意变更。生产过程中应加强跟踪检测，严格控制进场材料的质量，如遇材料发生变化并经检测沥青混合料的矿料级配、马歇尔技术指标不符合要求时，应及时调整配合比，使沥青混合料的质量符合要求并保持相对稳定，必要时重新进行配合比设计。

6 低温改性沥青混合料施工

6.1 拌和场的准备

6.1.1 拌和场的设置必须符合国家有关环境保护、消防、安全等规定。

6.1.2 拌和场应具有完善的排水设施。各档集料必须分隔储存，各档集料应全部覆盖，料场及场内道路应做硬化处理，严禁泥土污染集料。

6.1.3 每种进场原材料必须有明显的标志标牌，应注明材料用途、产地、规格、检测状态、检测日期。

6.1.4 每天开工前应检测含水量，以便调节冷料进料速度或比例，并确定集料加热时间和温度，如果集料含水量过大，不得使用。

6.1.5 在冷料堆上设置数字1～5的标志，与冷料仓上的标志一一对应，防止装载机上错料，影响沥青混合料的级配。

6.1.6 拌和站应设立废料存放区，并设立明显标志，对拌和楼每天产生的溢料、废料由监理人员监督运至废料存放区。

6.2 拌和设备准备

6.2.1 当采用热拌沥青混合料的间歇式拌和设备时，沥青存储设备必须具备循环功能，宜具备搅拌功能。

6.2.2 一个作业面至少配备2个沥青罐。

6.2.3 低温改性沥青混合料必须在沥青拌和站采用机械拌制。拌和站的设置除应符合国家有关环境保护、消防、安全等规定外，还应具备下列条件：

6.2.3.1 拌和站应设置在空旷、干燥、运输条件良好的地方。拌和站应具有完善的排水设施。各种集料必须分隔储存，并有防雨装置。料场及场内道路应做硬化处理，严禁泥土污染集料。
6.2.3.2 冷料仓的数量应满足配合比需要，通常不宜少于5个。
6.2.3.3 拌和站应配备试验室，并配置足够的仪器设备。
6.2.3.4 在沥青罐及HT沥青改性剂存储区域必须设立安全警示标识，配备安全防护设施。

6.2.4 低温改性沥青混合料采用间歇式拌和设备进行拌制。间歇式拌和设备应具有防止粉尘飞扬散失的密封性能及除尘设备。

6.2.5 间歇式拌和设备应配置自动记录设备，在拌制过程中应逐盘打印沥青及各种矿料的用量、拌和温度，并定期对拌和楼的计量和测温装置进行校核。

6.2.6 拌和站至少配备2个沥青罐，沥青存储设备应具备循环功能，宜具备搅拌功能。

6.3 低温改性沥青制备

6.3.1 先将道路石油沥青打入罐内，使温度降至90～110 ℃。开启搅拌电机，将HT沥青改性剂按规定的掺量泵入沥青罐内，上下循环，搅拌1 h以上，使道路石油沥青和HT沥青改性剂完全融溶。

6.3.2 在改性沥青制备过程中，道路石油沥青温度不宜高于110 ℃。

6.3.3 沥青罐中存储的道路石油沥青不应超过其容积的2/3，操作人员应远离沥青罐口，以免沥青喷射出罐外烫伤操作人员。严禁在沥青罐附近设置火源，并禁止吸烟。

6.4 施工准备

铺筑沥青层前，应检查基层或下卧沥青层的质量，不符合要求的不得铺筑沥青面层。旧沥青路面或下卧层已被污染时，必须清洗或经铣刨处理后方可铺筑沥青混合料。

6.5 低温改性沥青混合料的拌和

6.5.1 低温改性沥青混合料的拌和温度应符合表19中的规定。

表 19 低温改性沥青混合料的拌和温度

石料加热温度/℃	低温改性沥青加热温度/℃	出料温度/℃	弃料温度/℃
100~120	90~110	100~120	≥160

6.5.2 加入制备好的改性沥青时应随时检查沥青泵、管道、计量器是否受堵，堵塞时应及时清洗。

6.5.3 沥青混合料的矿料级配应符合生产配合比的要求，混合料沥青用量控制在生产配合比最佳沥青用量±0.3%。

6.5.4 混合料拌和时间根据具体情况经湿拌确定。通过拌和应使沥青均匀裹覆所有矿料颗粒。湿拌时间宜在30 s以上，其中干拌时间不得少于5 s。

6.5.5 拌和站拌和的沥青混合料应均匀一致，无花白料、无结团成块或严重的粗细料分离现象，不符合要求时不得使用，并应及时调整。

6.5.6 拌和好的改性沥青混合料不立即铺筑时，可放入成品储料仓密闭储存。储存时间应以符合摊铺温度要求为准。

6.5.7 低温改性沥青混合料出厂时应逐车检测沥青混合料的重量和温度，记录出厂时间，签发运料单。不合格品不得出厂。

6.5.8 每天应用拌和总量检验矿料的配比和沥青含量的误差，并对照抽提试验数据，进行分析。总量检验的数据有异常波动时，应停止生产，分析原因。

6.6 低温改性沥青混合料的运输

6.6.1 低温改性沥青混合料的运输宜采用与摊铺机匹配的自卸汽车运输。

6.6.2 从拌和机向运料车上装料时，应采用"后－前－中"三位置装料方式平衡装料，以减少混合料离析，严禁单点装车。

6.6.3 运料车应具有保温、防雨、防混合料遗散与沥青滴漏等功能。

6.6.4 为了保证连续摊铺，运输车辆的总运力应与搅拌能力及摊铺能力相匹配。

6.6.5 低温改性沥青混合料运至摊铺地点后，应对搅拌质量与温度进行检查，合格后方可使用。

6.7 低温改性沥青混合料的试验路段施工

6.7.1 低温改性沥青路面正式施工前，应进行试验段施工。试验段长度不小于200 m。

6.7.2 试验段铺筑分试拌和试铺两阶段，应做好以下工作：

6.7.2.1 根据沥青路面各种施工机械匹配的原则,确定合理的施工机械和组合方式,如拌和站产量与运输车辆配套,摊铺机与压路机配套数量等关系。

6.7.2.2 通过试拌确定拌和机的上料速度、拌和数量与时间、骨料加热温度与拌和温度等操作工艺,验证沥青混合料生产配合比和沥青混合料的性质。

6.7.2.3 通过试铺确定:摊铺机的摊铺速度和摊铺温度;压路机的压实顺序、碾压温度、碾压速度和遍数;松铺系数和接缝方式。

6.7.2.4 试拌、试铺后,根据沥青混合料的抽提试验结果、拌和楼逐盘在线检测数据、路面外观质量和路面压实度核对并确认生产标准配合比。

6.7.2.5 如通过钻孔法及核子密度仪无损检测路面密度,应先确定其对比关系,确定压实遍数与压实度的关系,以及压实度的检测方法和施工过程的监测方法。

6.7.2.6 试验段铺筑完成后,检测路面的渗水系数。

6.7.2.7 检查施工及质检的全过程是否配套进行,试验段面层质量是否符合标准及规范的相关规定。

6.7.2.8 在试铺段施工后,建设方、施工单位、监理部门应互相配合,做到按标准施工、按规范检查。

6.8 低温改性沥青混合料的摊铺

6.8.1 低温改性沥青混合料的摊铺应采用机械摊铺。在摊铺前应检查确认基层和下封层的质量,质量不合格时,不得进行铺筑作业,整改合格后方可以进行摊铺作业。摊铺机应调整到最佳状态,使摊铺面均匀一致,不得出现离析现象。

6.8.2 摊铺机应具有自动或半自动方式调节摊铺厚度及找平的装置、可加热的振动熨平板或初步振动压实装置、摊铺宽度可调整装置等功能,且受料斗斗容应保证更换运料车时可连续摊铺。

6.8.3 摊铺机必须缓慢、均匀、连续不间断地摊铺,不得随意变换速度或中途停顿,以提高平整度,减少混合料的离析。摊铺速度宜控制在 1~3 m/min 的范围内。摊铺时螺旋送料器应不停地转动,两侧应保持有不小于送料器高度 2/3 的混合料,并保证在摊铺机全宽度断面上不发生离析。熨平板按所需厚度固定后不得随意调整。

6.8.4 摊铺层发生明显离析、波浪、裂缝、拖痕时,应停机检查,分析原因,予以消除。

6.8.5 摊铺的松铺系数应根据混合料类型、施工机械和施工工艺等通过试验段确定。松铺系数可按表20进行初选。

表20 低温改性沥青混合料的松铺系数

种 类	机械摊铺	人工摊铺
改性沥青混合料	1.15~1.35	1.25~1.50

6.8.6 低温改性沥青路面施工的混合料最低摊铺温度应不低于 40 ℃。经过特殊设计的低温改性沥青混合料也可在环境温度不低于-20 ℃的条件下摊铺、碾压。

6.8.7 路面狭窄部分、平曲线半径过小的匝道小规模工程可采用人工摊铺。人工摊铺时,边摊铺边用刮板整平。刮平时应轻重一致,控制次数,严防集料离析。

6.9 低温改性沥青混合料的碾压成型

6.9.1 低温改性沥青路面施工应配备足够数量的双轮压路机，选择合理的压路机组合方式及初压、复压、终压，以达到最佳碾压效果。压路机的碾压遍数及组合方式依据试铺段确定。宜采用钢筒式压路机与轮胎压路机组合的方式压实。

6.9.2 碾压按照初压、复压、终压进行，当使用胶轮压路机揉搓碾压时，应及时涂抹隔离剂或喷水，防止粘轮现象。碾压应从外侧向中心碾压，碾压速度稳定均匀。初压采用双钢轮压路机碾压1~2遍，之后应检查平整度、路拱，对有缺陷的部位进行修整。复压采用胶轮压路机碾压6遍以上，终压采用双钢轮压路机碾压1~2遍，至无明显轮迹为止。不得在低温状况下做反复碾压，以免使石料棱角磨损、压碎，破坏集料嵌挤。

6.9.3 压路机应以慢而均匀的速度碾压，压路机的碾压速度应符合表21的规定。

表21 压路机的碾压速度　　　　　　　　　　　　　　　单位：km/h

压路机类型	初压		复压		终压	
	适宜	最大	适宜	最大	适宜	最大
钢轮压路机	1.5~2	3	2.5~3.5	5	2.5~3.5	5
轮胎压路机	—	—	3.5~4.5	6	4~6	8

6.9.4 压路机的碾压路线及碾压方向不应突然改变而导致混合料推移。碾压区长度应大体稳定，碾压段长度宜为60~80 m。当采用不同型号的压路机组合碾压时，每一台压路机均应做全幅碾压。对大型压路机难以碾压的部分，宜采取小型压路工具进行压实。

6.9.5 碾压过程中应保持清洁，有混合料粘轮应立即清除。对钢轮可刷隔离剂，严禁刷柴油、机油。当采用向碾压轮喷水（可添加少量表面活性剂）的方式时，必须控制喷水量使其成雾状，不得漫流。

6.9.6 压路机的起动、停止必须减速缓慢进行，不得在未碾压成型路段上转向、调头、加水或停留。在当天成型的路面上，不得停放各种机械设备或车辆，不得散落矿料、油料等杂物。

6.9.7 低温改性沥青路面的施工必须接缝紧密、连接平顺，不得产生明显的接缝离析。

6.10 施工温度范围

对于采用低温拌和沥青混合料的路段，HT低温改性沥青混合料施工各环节温度控制见表22。

表22 低温改性沥青混合料的施工温度范围

施工工序	单位	低温改性沥青混合料
沥青加热温度	℃	90~110
集料加热温度	℃	100~120
出料温度	℃	100~120
摊铺温度，不低于	℃	40~100
初压温度，不低于	℃	30~90
碾压终了温度，不低于	℃	20~80

6.11 雨季施工

在雨季铺筑低温改性沥青路面时,应关注天气变化,已摊铺的沥青层因遇雨未进行压实的应予以铲除。雨后须路面干燥后方可进行施工;经受雨水淋湿的混合料不允许使用。

6.12 开放交通

低温改性沥青混合料摊铺、碾压结束3天后即可开放交通。

7 低温改性沥青混合料施工质量控制

7.1 一般规定

7.1.1 沥青路面施工应根据全面质量管理的要求,建立健全有效的质量保证体系,对施工各工序的质量进行检查评定,达到规定的质量标准,确保施工质量的稳定性。

7.1.2 应加强施工过程质量控制,实行动态质量管理。

7.1.3 本指南规定的技术要求是工程施工质量管理和交工验收的依据。

7.1.4 所有与工程建设有关的原始记录、试验检测及计算数据、汇总表格,必须如实记录和保存。对已经采取措施进行返工和补救的项目,可在原记录和数据上注明,但不得销毁。

7.2 质量检测

7.2.1 沥青混合料质量检测

沥青混合料抽样检验:每个拌和楼每天上午和下午各取一次沥青混合料样,以测定级配、油石比、标准相对密度、最大相对理论密度、空隙率、矿料间隙率、沥青饱和度等物理力学指标。必要时检验动稳定度、浸水马歇尔残留稳定度和冻融劈裂残留强度比。油石比的检测采用燃烧炉燃烧法。

7.2.2 现场质量检测

7.2.2.1 压实度

采取压实度和空隙率双重控制标准。压实度评定以钻芯样为准,取芯后用混合料回填芯洞并予以夯实。压实度和空隙率的计算采用当天的马歇尔标准相对密度和最大相对理论密度,当天的马歇尔标准相对密度和最大相对理论密度与配合比设计时的标准相对密度和最大相对理论密度的偏差必须小于1%。压实度采用双控指标,宜在沥青路面铺筑完成3天后进行检测,要求马歇尔标准密度的压实度不小于98%,最大理论密度的压实度为92%~98%,面层实测空隙率应在2%~8%范围内。

7.2.2.2 厚度

充分利用摊铺过程在线控制,即不断地用插尺或改锥插入摊铺层测量松铺厚度;在钻孔检测压实度的同时测量厚度并计算平均值和代表值;利用每天拌和楼沥青混合料总量与实际铺筑的面积计算平均厚度进行总量检测。

7.2.2.3 平整度

施工过程中可用3米直尺跟踪重点检查摊铺机停机处、接缝处等。施工完毕后用连续式平整度仪测定平整度。

7.2.2.4 温度

检验混合料出厂温度、运到现场温度、摊铺温度、初压温度、碾压终了温度。

7.3 低温改性沥青路面施工过程质量控制标准

7.3.1 表面应平整、坚实，接缝紧密；不应有明显轮迹、推挤裂缝、脱落、烂边、油斑、掉渣等现象。

7.3.2 沥青面层施工质量要求应符合表23的规定。

表23 低温改性沥青面层施工质量检测标准

项 目	单位	检查频率	质量要求或允许差	试验方法
沥青加热温度	℃	逐盘测定	90～110	传感器自动检测并打印
集料加热温度	℃	逐盘测定	80～120	传感器自动检测并打印
混合料出厂温度	℃	逐车测定	实测	T 0981 人工检测
拌和时间	s	逐盘测定	不少于40～50	传感器自动检测并打印
矿料级配：与生产设计标准级配的差： 0.075 mm ≤2.36 mm ≥4.75 mm	%	每日每机上、下午各一次	±1.0 ±2.0 ±3.0	摊铺机后取样，用燃烧后的矿料筛分
油石比	%		-0.1，+0.2	摊铺机后取样，燃烧法
空隙率	%		生产配合比空隙率±1	摊铺机后取样
VMA	%		生产配合比VMA±1	
残留稳定度	%	每两日一次	大于80	T 0709 摊铺机后取样
动稳定度	次/mm		符合要求	T 0719 摊铺机后取样
冻融劈裂强度比	%		大于75	T 0729 摊铺机后取样
压实度	%	1次/车道200 m 逐个试件评定，并计算平均值	不小于98（马歇尔密度） 92～98（最大理论密度）	现场钻孔试验
厚 度	mm	1次/车道200 m 逐个试件评定，并计算平均值	±8%	钻孔检查并铺筑时随时插入量取，每日用混合料数量校核
平整度	mm	连续检测	底面层不大于2.5 表面层不大于1.2	连续式平整度仪
渗水系数	mL/min	每公里5点，每点3处	不大于80	改进型渗水仪
表面层构造深度	mm	每公里5点	不小于0.55	铺砂法
表面层摩擦系数，摆值，20 ℃	BPN	每公里5点	不小于54	摆式摩擦仪
注1：压实度检测采用随机表计算法确定检测位置，取芯前先做渗水试验，然后再取芯，做压实度、现场空隙率试验。				
注2：检测时由监理牵头，承包人双方现场共同检测，芯样共享，试验各自独立完成。				
注3：路面的外观、接缝、宽度、纵断面高程、横坡等验收标准与现行有关的沥青路面施工技术规范中的要求一致。				

附 录 A
（规范性附录）
低温改性沥青混合料配合比设计方法

A.1 一般规定

A.1.1 低温改性沥青混合料的配合比设计应通过目标配合比设计、生产配合比设计和生产配合比验证三个阶段，确定沥青混合料的材料品种及配合比、矿料级配、最佳沥青用量。

A.1.2 低温改性沥青混合料的配合比设计采用马歇尔试验设计方法。如采用其他方法设计时，应按本规程规定进行马歇尔试验及各项配合比设计检验，并报告不同设计方法的试验结果。

A.1.3 配合比设计涉及到的各项指标的试验方法应遵照现行试验规程的方法执行。混合料拌和应采取小型沥青混合料拌和机进行。混合料的拌和温度和试件制作温度应符合本规程的要求。

A.2 确定工程设计级配范围

A.2.1 低温改性沥青混合料的设计级配宜在本规程规定的级配范围内，根据道路等级、工程性质、气候条件、交通条件、材料品种等因素，通过对条件大体相当的工程使用情况进行调查研究后调整确定，必要时允许超出规程级配范围。经确定的工程设计级配范围是配合比设计的依据，不得随意变更。

A.2.2 低温改性沥青混合料设计级配范围应考虑不同层位的功能需要，经组合设计的沥青路面应能满足耐久、稳定、密实、抗滑等要求。

A.2.3 在混合料的理论配合比设计计算中应根据石料密度，按照间断级配、骨架结构原理，优化混合料的实际级配，并进行相关性能验证。

A.3 材料选择与准备

A.3.1 按照相关规程的取样方法，从工程实际使用的材料中选取有代表性的样品。

A.3.2 对粗集料、细集料、填料、道路石油沥青及HT沥青改性剂的各项技术指标进行检验。

A.3.3 低温改性沥青混合料设计的各种材料必须符合本地区气候和交通条件的规定，其质量应符合本规程的技术要求。当单一规格的集料某项指标不合格，但不同粒径规格的材料按级配组成的集料混合料指标能符合规程要求时，允许使用。

A.4 矿料级配设计

A.4.1 根据道路等级、路面类型及所处的结构层位等选择适用的沥青混合料类型，按本规程表4确定矿料级配范围。

A.4.2 由各种矿料的筛分曲线计算配合比比例，合成的矿料级配应符合本规程表13的规定。矿料配合比设计宜采用电子表格用试配法进行。

A.4.3 在工程设计级配范围内,调整各种矿料比例设计3组不同粗细的初试级配,绘制设计级配曲线,分别位于设计级配范围的上方、中值及下方。设计合成级配不得有太多的锯齿交错,且在0.3～0.6 mm范围内不出现"驼峰"。当反复调整不能满意时,宜更换材料设计。

A.4.4 根据当地的实践经验选择适宜的沥青含量,分别制作几组级配的马歇尔试件,测定试件的矿料间隙率,初选一组满足或接近设计要求的级配作为设计级配。

A.4.5 矿料级配宜采用以幂函数构成的间断级配类型,其中4.75 mm筛孔通过率宜为30～50%,0.075 mm筛孔通过率比热拌沥青混合料减少2%,最大公称粒径筛孔的通过率宜为95%左右。

A.5 混合料体积技术指标检测

A.5.1 低温沥青改性沥青的制备

根据沥青类型、气候及交通量情况选取适宜掺量的HT沥青改性剂加入盛有道路石油的容器中,进行充分搅拌。

A.5.2 马歇尔试验

以预估的油石比为中值,按0.3%～0.4%为间隔,取5个或5个以上不同的油石比分别成型马歇尔试件。成型方法采用击实法,击实次数为双面100次。马歇尔试件制作参数见表A.1。

表 A.1 马歇尔试件制作参数

项目	单位	温度范围
道路石油沥青加热温度	℃	90～110
矿料加热温度	℃	80～120
沥青混合料拌和温度	℃	80～120
试件击实温度	℃	90～110

A.5.3 测定压实沥青混合料试件的毛体积相对密度和吸水率。测定方法和计算方法按照JTG E20—2011和JTG F40—2004的规定执行。

A.5.4 确定沥青混合料的最大理论相对密度。测定方法和计算方法按照JTG E20—2011和JTG F40—2004的规定执行。

A.5.5 计算沥青混合料试件的空隙率、矿料间隙率、有效沥青的饱和度等体积指标,进行体积组成分析。计算方法按照JTG F40—2004的规定执行。

A.5.6 测定马歇尔稳定度、流值。测定方法和计算方法按照JTG E20—2011和JTG F40—2004的规定执行。

A.6 确定最佳油石比(或最佳沥青用量)

A.6.1 最佳油石比确定按照体积法原理设计,即:根据混合料设计空隙率的要求,在满足其他体积参数基础上,由矿料最紧密状态(即矿料间隙率最小时)对应的油石比确定最佳油石比,并对其进行性能验证,主要包括热稳定性(动稳定度)、水稳性(冻融劈裂强度比、残留稳定度)、渗水性等技术指标。

A.6.2 最佳油石比确定也可采用无机结合料类稳定材料确定最佳含水量的方法来确定HT常温改性沥青混合料的最佳油石比，即将HT低温改性沥青看成无机结合料稳定类材料中的水，最佳油石比即相当于最佳含水量。

A.7 配合比设计检验

A.7.1 综合考虑矿料紧密状态、设计空隙率、沥青饱和度等技术指标，在配合比设计的基础上，以最佳油石比对低温改性沥青混合料的高温稳定性、水稳定性、渗水系数等使用性能进行检验。

A.7.2 低温改性沥青混合料的高温稳定性、水稳定性、渗水系数的检验结果必须符合本规程的技术要求。若不符合本规程的技术要求，必须更换材料或重新进行配合比设计。

A.8 配合比设计报告

A.8.1 配合比设计报告应包括工程设计级配范围选择说明、材料品种选择与原材料质量试验结果、矿料级配、最佳油石比，以及各项体积指标、配合比设计检验结果等。